Hans Weitenfelder

**Hans Weitenfelders Lobspruch der Weiber und Heirats Abrede zu Wien**

Hans Weitenfelder

**Hans Weitenfelders Lobspruch der Weiber und Heirats Abrede zu Wien**

ISBN/EAN: 9783743465282

Hergestellt in Europa, USA, Kanada, Australien, Japan

Cover: Foto ©ninafisch / pixelio.de

Weitere Bücher finden Sie auf **www.hansebooks.com**

# HANS WEITENFELDERS

## LOBSPRUCH DER WEIBER UND HEIRATS

### ABREDE ZU WIEN

HERAUSGEGEBEN

VON

### FRANZ HAYDINGER

MIT EINER EINLEITUNG UND ANMERKUNGEN VON JULIUS FEIFALIK

WIEN MDCCCLXI

IN CL EXEMPLAREN
ALS GESCHENK FÜR FREUNDE ABGEDRUCKT

Der Herausgeber hofft sich den Dank der Freunde vaterländischer Sittengeschichte zu erwerben, indem er durch den Wiederabdruck des nachstehenden selten gewordenen 'Lobspruches' denselben allgemeiner zugänglich macht. Dieser Widerabdruck wird sich wol rechtfertigen laßen, wäre es auch nur durch die Schilderung der Lebensweise und der Gebräuche reicher und verwöhnter Bürger 'In der Hauptstatt in Osterreich, Da man nit bald findt jhres gleich' während des 16ten Jahrhunderts, wie man sie in diesem Lobspruche, von seiner satyrischen Tendenz abgesehen, so getreulich abgespiegelt findet. Der Dichter beginnt nämlich mit der Erzählung wie er zu Wien zu der Heiratsabrede zwischen zweien Personen gekommen sei, welcher er beigewohnt zu haben vorgibt, während er am Schluße (Z. 393 f.) nur nach dem Berichte eines anderen seinen 'Reim' gedichtet haben will. Nach den vorläufigen Bestimmungen dieser Abrede über Morgengabe und andere Vermögensverhältnisse richtet der 'Redner', ein Herr Alexander, eine Ansprache an den glücklichen Bräutigam, in welcher er ihm seine ernsten Verpflichtungen gegen die Erwählte seines Herzens in eindringlichster Weise vorhält: und hier bieten sich uns reichliche Züge für Erkenntnis des behäbigen, fast üppigen Lebens jener Zeiten in den vermöglicheren Classen, Züge, welche überall den Stempel der Wirklichkeit, aus welcher sie geholt sind, an sich tragen. Bankette, Lustfahrten, Spaziergänge, Badereisen, Unterhaltungen aller Art sollen den Müßiggang erträglich machen. Der Mann spielt dabei eben nicht die beneidenswerteste Rolle: ihm fällt das erbauliche Geschäft anheim, für das Amüsement und das Wollchen seiner Frau in unbedingtester Weise zu sorgen, ihr jeden Wunsch an den Augen abzusehen, ihre Fehler in dem günstigsten Lichte zu betrachten, und sie, wenn es sich nicht mehr anders thun läßt, zu bedienen; er ist mit einem Worte, wie ihn der Dichter nennt, ein — Siman. Simon, Simā̆, oder in der Verkleinerungsform Simanl, Simandl, bezeichnet nämlich im bairisch-österreichischen Dialecte den von seinem Weibe abhängigen und unter dessen mehr oder minder sanftmütigem Regimente stehenden Ehemann, wol auch seine Gemahlin selbst [1]); bei der Wahl dieses Namens für jene Bezeichnung mag der Anklang an Sie-mann, mundartlich gleichfalls Simā̆ ausgesprochen, mitgewirkt haben [2]). Das Leiden nun eines solchen Unglücklichen, die Verpflichtungen, die er seinem Weibe gegenüber hat, um sie bei guter Laune und Schönheit zu erhalten, sind der Gegenstand, welchen uns der Pritschenmeister Hans Weitenfelder in seinem Lobspruche abschildert. Und indem er diese Verpflichtun-

---

[1]) Mann und Weib in diesem Verhältnisse stellen 'Sanct Simon und Erwei' (Sie-mann und Er-weib) dar. Vgl. Schm. 3, 182.

[2]) Schm. a. a. O. Doch findet sich dieses Wortspiel auch noch in anderen als oberdeutschen Gegenden, namentlich in Niedersachsen: Johannes Olorinus Variscus (Joh. Sommer) in seiner Ethographiae Mundi Pars Secunda, Malus Mulier, Das ist Gründtliche Beschreibung Von der Regimentssucht der bösen Weiber u. s. w., Magdeburg bey Joh. Francken 1612, führt zwei Männer, beide von hersch- und zanksüchtigen Ehegenoßinnen geplagt, im Gespräche über böse Weiber ein; der eine davon heißt Andreas, der zweite schwerer bedrückte trägt den trostlos verhängnisvollen Namen Simon.

gen als etwas so ganz natürliches, so ganz selbstverständliches hinstellt, worüber noch ein Wort zu verlieren nicht der Mühe lohnte, an dessen Berechtigung zu zweifeln fast Sünde wäre, bietet er uns eine feine Satyre auf jenen schwächlichen Menschenschlag, welcher man einigen Reiz auch in dieser Hinsicht nicht wird absprechen können. Den Schauplatz seines Gedichtes verlegt Weitenfelder nach Wien, in jene ehrwürdige Stadt, welche ja die berühmte Speckseite am Rotenthurmthore besaß, mit der Aufschrift:

>Befindt sich irgend hier ein Mann,
>Der mit der Warheit sprechen kann,
>Daß ihm sein Heyrath nicht geraten,
>Und fürcht sich nicht vor seiner Frauen,
>Der mag diesen Backen herunter hauen [3]),

ohne daß sich jemand gefunden hätte, um diesen Preis zu gewinnen; denn der einzige, welcher das Wagestück unternehmen wollte, ließ bekanntlich im Augenblicke der Ausführung selbst davon ab, weil er sich noch zu rechter Stunde entsann, daß er seine neuen Festkleider, welche er zu dieser denkwürdigen Feierlichkeit angelegt hatte, beschmutzen und deshalb zu Hause von seinem Weibe ausgescholten werden könnte. So blieb die lockende Speckseite Jahrhunderte lang an ihrer Stelle und selbst der gute ehrenwerte alte Schmeltzl verzichtet auf ihren Gewinn:

>In dem Wolff Haller auch her trat,
>Mautner Künigklicher Mayestat,
>Fieng an zů reden vnd zů lachen,
>Sprach: 'hie oben secht jr ein pachen
>Unter dem Rotenthurn hangen;
>Derhalben ist es angefangen,
>Ob jemandt hie zeücht ein vnd auß.
>Sein weyb nit fürcht, sey herr im hauß,

---

[3]) P. L. Berckenmeyer, Vermehrter Curieuser Antiqvarius, Hamburg 1720, S. 465 f.

Der mag den pachen herab nemen:
Ist aber bisher kainer khemen,
Hangt etlich hundert jar her.'
Ich sprach: 'nain, nain, er ist mir zschwer!
Ehe ich mein weib erzürnen wolt,
Ich lieff ehe weiter dan ich solt;
Ein kůfflein saltz ich lieber zal,
Damit man wider spreng ein mal!' [4]).

Weitenfelder wählte also, wie man hieraus wird abnehmen können, einen ganz volksthümlichen und voraussichtlich gerade in seiner Heimat ansprechenden Stoff und man kann nicht läugnen, daß er ihn mit ziemlichem Geschicke und lebhafter Bewegung ausführte, so daß er auf den Beifall seiner Zeitgenoßen rechnen durfte. Wie beliebt das Gedicht bald muß geworden sein und wie es selbst weit über die Grenzen jenes Landstriches, auf welchen es zunächst berechnet war, dem Zeitgeschmacke zusagte, beweist der merkwürdige Umstand, daß es kurz nach seinem Erscheinen von irgend einem Unbekannten ins Niederdeutsche übersetzt ward. Der Titel dieser niederdeutschen Übertragung lautet: 'Ein schöner loffsprôke vnd Eehandels affrede tho Wien vnd im lande tho Osterrik, vnder der Enns gebrücklick, wo men dar de frawen de tydt eres leuendes halden, vnd se tracteren schal, op dat se lange schön bliuen, vnd eren mennen nicht affgünstich, vnd deste eer rike werden. Dorch Hansen Weyttenfelder, Seiler vnd Britzschenmeister in Osterrick, wanhafftich tho Wolckersdörff, mit sunderlikem flite rymwys gestellet vnd erstlich dar gedrücket vnd vthegegaen. 1576'; das Ganze hat acht Blätter in Octav [5]). Leider können wir über diese Bearbeitung näheres

---

[4]) Ein Lobspruch der Hochlöblichen weitberůmbten Kbůnigklichen Stat Wien in Osterreich ... durch Wolffgang Schmeltzl, Schulmaister zun Schotten, vnd Burger daselbst im 1548 Jar. (Wien, Kuppitsch, 1849), Zeile 275—290.

[5]) Goedeke, Grundriß zur Geschichte der deutschen Dichtung S. 294, §. 144, 26.

nicht beibringen, vermuten aber daß dieselbe ziemlich getreu das Original widergeben wird.

Unser Dichter, welcher mit seinem Gegenstande, wie man sieht, einen wunden Punct seines Zeitalters geschickt getroffen zu haben scheint, beginnt auf diese Weise für unser Land den Reigen einer eigenthümlichen Literatur, welche sich der Literaturgeschichte im strengeren Sinne eigentlich entzieht und in das Gebiet der Curiositäten schlägt, wir meinen die Simanliteratur. Nicht als wollten wir unserem Freunde hier den Ruhm zusprechen, zuerst von der erbarmungswürdigen Lage seines Helden gesungen zu haben: er wird vielmehr dabei allerhand volksmäßige Schwänke und Überlieferungen benutzt haben, wie denn List und Trug der Weiber und ihre Herschsucht und Bosheit von altersher ein beliebter, vielbehandelter Gegenstand der Dichtung und auch des Volksliedes waren. Eben so wenig behaupten wir, daß Weitenfelder etwa der Erfinder des Namens Siman gewesen wäre, oder daß er ihn auch nur zuerst in die Literatur eingeführt hätte: auch dieser Volkswitz mag schon aus viel älterer Zeit stammen und wir finden den 'Meister Sieman' bereits in alle seine Rechte eingesetzt in dem 'Haußteuffel, das ist, Der Meister SIEmann, Wie die bösen Weiber jre fromme Männer, vnd wie die bösen leichtfertigen Buben jre fromē Weiber plagē, Sampt einer vermanung auß heiliger Schrifft vñ schönen Historien, wie sich fromē Eheleut gegen einander verhalten sollen, nützlich vnd lüstig zu lesen. Beschrieben durch Adamum Schubart (Holzschnitt). Getruckt zu Franckfurt am Mayn, 1568.'[6]). A. Schubart erzählt in

---

6) Am Ende steht: Gedruckt zu Franckfurt am Mayn, bey Martin Lechler, In verlegung Simon Hüters, Im jar nach Christi vnsers Herrn vnd Seligmachers geburt, M. D. LXVIII. 8. A 1—F 8. Goedeke a. a. O. S. 380, §. 161, II, 16 führt von diesem verbreiteten Werke noch folgende Ausgaben an: Weißenfels o. J.; Frankfurt 1565 und 1569, alle in Octavo.

diesem Werke, welches an ermüdender Breite leidet und dem es an jener frischen unmittelbaren Lebhaftigkeit und Schalkhaftigkeit gebricht, welche uns bei Weitenfelder anzieht, wie er eines Tages in tiefem Kummer über die bösen Zeitläufte spazieren geht und ihm ein 'ernster Mann' begegnet, der, befragt, ihm neue Mähre verkündet von genug trauriger Natur:

> Er sagt: sie sind ja nicht fast gut,
>   Es wirdt doch kosten leib vnd blut:
> Der gewaltig Tyrann Sieman
>   Greiffet vnser Landt jetzt an,
> Kompt her gezogn mit heeres krafft,
>   Wil beweisen sein Ritterschafft;
> Alle Länder wil er zwingen,
>   Alle Männer dahin dringen,
> Das sie müssen am aller meisten
>   Ihren Weibern gehorsam leisten.

Der Ernste berichtet dann, daß der Sieman bereits überall hersche, bei Bauern, Bürgern, Herren und sogar in der Behausung der Pfarrer. Wie der Dichter nun nach seiner Wohnung kommt, trifft er den Sieman in seiner Stube, der auch ihn unterwerfen will, nach wiederholtem hartem Kampfe aber besiegt und endgiltig durch den 'streitbar Heldt' mit Hilfe einiger braver Landsknechte erschlagen wird. Der zweite Abschnitt enthält 'Ein vermanung auß Heiliger Schrifft, Wie sich Eheleuth gegen einander verhalten sollen' und eifert gegen böse Weiber und böse Männer, an welche beide auch am Schluße eine doppelte Ermahnung beigefügt ist. Man wird bemerkt haben, Schubarts Sieman ist nicht wie bei Weitenfelder der bedrückte Gemahl, sondern eine Personification des regimentssüchtigen Weibes [7]), welches

---

[7]) In dieser Bedeutung steht das Wort auch in Avent. Gramm.: 'Uxorem quare locupletem ducere nolim, quaeritis, uxori nubere nolo mene. Ich wil kain Symon haben'; vgl. Schm. 3, 182. Und in

uns in hinlänglich grausiger Gestalt und geübt in allerlei unangenehmen Handgriffen vorgeführt wird.

Hat nun Weitenfelder seinen gelehrten Vorgänger — denn A. Schubart behandelt seinen Gegenstand ganz als Gelehrter, und als pedantischer Gelehrter überdieß —, so hält doch er selbst sich in ganz volksgemäßem Tone und es scheint als wäre seine Arbeit auf die dunkle, für die niedern und niedersten Volksschichten bestimmte Literatur in Österreich, wenn man in dieser Richtung überhaupt noch von Literatur sprechen darf, nicht ganz ohne Einfluß geblieben. Wenigstens scheint ein Zusammenhang zwischen seinem Werke und einigen jener unliterarischen Productionen, welche sich gelehrter Betrachtung für gewöhnlich nicht darbieten, obzuwalten, ein Zusammenhang, den wir hier wol anzudeuten, aber freilich nicht bestimmter fest zu stellen und außer allen Zweifel zu setzen vermögen.

So liegt uns in einem fliegenden Blatte aus dem vorigen Jahrhundert einer jener gedruckten Heiratsbriefe vor, deren Bestimmung gewesen zu sein scheint, Verlobten und Neuvermählten zugeschickt zu werden, wie das Volk sich ja auch noch heut zu Tage gedruckter und gereimter, in ihrer ursprünglichen Faßung oft viel früheren Jahrhunderten angehöriger Liebesbriefe zur Mittheilung seiner Gefühle an die Auserkorene bedient. Unser Blatt ist in Folio, auf der Rückseite steht in der

---

einem Spruche bei Joh. Olorinus Variscus, Ethographiae Mundi Pars Secunda, S. 81 heißt es:
  Bösen Weibern ist nichts zuvergleichen,
    Den Sieman kan man nicht vertreiben,
      Er wil doch Herr im Hause bleiben.
Vgl. auch DMA. 3, 357. In der Bedeutung eines abhängigen Ehemannes finden wir das Wort u. a. in einem Schwanke in der Neu vermehrten und augirten Anmuthigen Lustigen Gesellschaft ... von Johanne Petro de Memel, Zippelzerbst 1695, S. 454.

Mitte 'Heuraths- | brief. | Nr. 107', zu beiden Seiten davon Verse und zwar links:

> Kurzweilig zu lachen,
>   Neu gebachen,
> Frisch gesotten,
>   Vexiren unverboten,
> Fein gebratner,
>   Wohlgerathner,
> Schön, zierlich,
>   Und ausführlich,
> Mit seltsamen Schwencken und Possen,
> Vermög der Heurathsabred beschlossen,

und rechts:

> Nach Landbräuchiger Fastnacht gemacht,
> Was eins dem andern hat zugebracht,
> Damit keiner verhindert werd,
> Kauf jeder ein, ganz unbeschwert,
> Und stell einer dem andern eines zu,
> Auf daß er lebt in guter Ruh.

Schon hier läßt sich einige Ähnlichkeit mit dem Eingange von Weitenfelders Lobspruch nicht übersehen. Das Innere nun, obwol wie Prosa gedruckt, doch in Reimen gefaßt, enthält eine Heiratsabrede mit Aufzählung dessen was zuerst das Weib dem Manne, dann dieser seinem Weibe zubringen soll; das ganze ist eine rohe ziemlich unsaubere Satyre auf ärmliche Haushaltungen und durchaus nicht zur Mittheilung geeignet. Das Stück selbst beginnt mit den Worten: 'Ich Franz Narr Hundsbacher, Katzenfänger, von Weitemfeld, ohn baar Geld, gebürtig in Lerchenfelder Pfarr, meines Handwerks ein Stocknarr, thue zu wissen insgemein allen Narren groß und klein: die den Brief lesen, oder lesen hören und hierinnen benennet werden, auch alle Blinden die den Brief anschauen, es seye Mann oder Frauen,' u. s. w. Auffallen muß vor allem daß der redend eingeführte Aussteller des Briefes sich von Weitemfeld nennt, ein Anklang an den Namen unseres Dichters, welcher noch verstärkt würde, wenn man statt Franz Narr correcter und mehr im Sinne des Volkes Hans Narr lesen dürfte, obwol wir zugeben müßen, daß dieser Anklang möglicher Weise auch ganz zufällig sein kann[8]). Der Druck stammt, wie bemerkt, aus dem 18ten Jahrhundert, der Text muß aber in weit ältere Zeit hinauf gehen; nicht nur ist die Einkleidung des Briefes, wie man aus dem mitgetheilten abnehmen wird, eine Parodie auf die Form älterer Urkunden, welche im vorigen Jahrhundert nicht mehr geläufig war und mindestens ihres Zweckes verfehlt hätte, sondern es finden sich auch alterthümliche Reime darin, wie hören: weren (werden), begâb (conj. praet.): glaub (glâb) und ähnliche, und die Namen der unterzeichneten Zeugen sind ganz im Geiste älterer Zeit erfunden[9]), so daß wir vielleicht nicht zu weit irre gehen, wenn wir das ganze Stück dem 17ten oder lieber dem 16ten Jahrhunderte zueignen. Auf den Namen von Weitemfeld haben wir oben aufmerksam gemacht; noch auffallender scheinen uns einzelne Anmahnungen im Texte an Weitenfelders Lobspruch, wie z. B. 'bringen also zusammen ein Heurathsgut in einer Summ nichts um und um 600 Säckel voll Armuth', was an Z. 34 und 35 des Lobspruchs anklingt, wie sich denn auch Worte, welche unser Dichter liebt, wie richt, richtel, in dem Heiratsbriefe widerholt (ein Richt guter Lâuß, von Holzäpfel die rechte Richt) nachweisen laßen. Es scheint uns also irgend eine Verbindung

---

[8]) So wollen wir denn nicht verschweigen, daß der Mann in dem Heirathsbriefe von seinem Hause sagt 'liegt in Schnarafenland, an einem unsichtbaren Ort zu Weitenfeld.'

[9]) 'Grundel Spitzmaul, Nickl Hundsfanl, Hackl Leernkrug, Fläxl Mistkrug, Eitel Bigenzang, Veitel Leschenbrand, Lenzel Schlecknegel, Peter Nagenkegel, Rüpel Schmeckbrâtl, Lienhartl Unflâtel'; der Schluß lautet: 'Geschehen wers glauben mag, an dem unheiligen Fußnachttag des laufenden Monats in der Narredey, ein Kappon und auch ein Schollen darbey.'

dieser Heiratsabrede mit dem Lobspruche nicht abzuläugnen, wenn man es nicht vorzieht, den Heiratsbrief selbst gleichfalls für ein Werk Weitenfelders zu erklären, das seines geringen Umfanges und seines ungebildetem Geschmacke zusagenden Inhaltes wegen sich im Volke, wenn auch vielleicht mehrfach umgestaltet, erhalten hätte.

Ähnliche aber noch dunklere Bewantnis muß es auch mit einem andern fliegenden Blatte gleichfalls in Folio haben, welches wir benützen können. Es ist bloß auf einer Seite bedruckt und führt die Überschrift 'Der Frauen und Weiber Privilegium'; der Eingang lautet: 'WIr Frauen und Weiber thun kund allen und jeden Männern und Manns-Personen, auch was Standes und Kondition sie seynd, thuen nochmalen kund und gewaltig zu wissen, wegen unsers konfirmirten Privilegii und herrlichen Testimonii, auch was für Freyheiten wir bekommen haben, daran wir uns halten, wie dieses Testimonium mit Punkten also lautet.' Es folgt dann die Urkunde selbst, welche die Rechte der Weiber ihren geduldigen Männern gegenüber in siebenzehn Puncten aufzählt; der Aussteller der Urkunde nennt sich 'Wir Fröminarius, Oberster Guvernator und Schutz-Herr der Weiber, Hauptmann von Kopf bis zum Füßen, Freyherr im weiten Felde, Herr zu Plauderburg und Schnadermark.' Wieder begegnen wir hier dem rätselhaften Herrn vom weiten Felde [10]) und wieder auch gemahnen einzelne Paragraphe der Urkunde unläugbar an Weitenfelders Lobspruch. Wir wollen nur zwei Beispiele anführen. In dem 'Privilegium' heißt es: 'Zum 7 soll er auch willig und bereit seyn, nach seinem Belieben das Hemde auf beiden Seiten zu wärmen, und darnach soll

---

[10]) Daß der Name unseres Pritschenmeisters, Weitenfelder, selbst ein angenommener wäre, daran ist nicht zu denken.

er ihr es anziehen und fein aus dem Bette heben, damit sie nicht einen bösen Tritt thue oder gar aus dem Bette falle,' womit man Z. 71 ff. 283 ff., und weiter: '9 soll er auch mit allen Fleiß dahin trachten, daß er zu der Zeit (des Frühstücks) eine Weinsuppe fertig habe, auch darneben einen guten Trunk spanischen oder rheinischen (Misverständnis aus Rainfal?) Wein bey der Hand haben, damit wo ihr etwa eine Lust ankäme und er nicht möchte, sie mit einem solchen Frühstücklein erquicken könnte,' wozu man Z. 89 ff. unseres Lobspruches vergleiche. Die Sprache dieses 'Privilegiums' gehört zwar dem 18ten Jahrhundert an, was sich aber, selbst wenn es aus älterer Zeit stammte, erklären ließe, weil Prosa leichter sich späterem Gebrauche angleicht, als Vers und Reim. Gewiss scheint uns, daß es wenigstens aus ähnlichen schwankhaften Volksüberlieferungen hervor gieng, wie deren Weitenfelder benutzt haben muß.

Dieses letztere Schriftstück führt uns auf den Siman zurück, welcher bei uns sichtlich auch im verfloßenen Jahrhunderte nicht ausgestorben war. Um die Mitte oder in der zweiten Hälfte desselben etwa bildeten sich vielmehr in Wien, namentlich in den Vorstädten, sogenannte Simandlbruderschaften[11]): es waren Gesellschaften heiterer Männer, welche in der Regel am wenigsten an dem Gebrechen litten, welches sie verspotteten. Alljährlich am Tage Simonis, des einzig würdigen Schutzheiligen der Bruderschaft, vereinigten sie sich zu einem großen Feste, bei welchem zur Bestreitung der Kosten in die Lade 'aufgelegt' ward, sammt ihren Frauen, denen sie für diesen Tag alle jene Vorrechte einzuräumen beliebten, welche sie sonst für sich behielten. In fröhlichen und politisch höchst ungefährlichen Versammlungen, wie sie

---

[11]) Wie wir hören, sollen dergleichen noch heutiges Tages in der einen oder der andern Vorstadt fortvegetieren.

nur die 'gute alte Zeit' kannte, erforschte man die Geheimnisse des Familienlebens seiner Nachbarn mit zudringlichster Neugier: es durfte irgend ein Ehemann nur zu dem leisesten Zweifel Grund bieten, daß sich in seinem Hause das Regiment nicht vollständig in den legitimen Händen befinde, und er konnte auch gewiss sein mit einem Diplome beehrt zu werden, in welchem er zu einem der verschiedenen Grade der Bruderschaft promoviert ward [12]). Dieses Diplom, der sogenannte 'Simandlbrief,' von 'Obermeister, Vorsteher und Senioren der uralten, weltberühmten und hochansehnlichen Simandl-Bruderschaft' erlaßen, hob die Verdienste des Neuaufgenommenen hervor, welchen er seine Erhebung zu danken hatte und erinnerte ihn kurz an die Pflichten seines Ordens; daran war ein Siegel gedrückt, einen Mann in einem Käfich darstellend. Manchmal fügte man besondere Statuten bei, in welchen auf mancherlei übertriebene Weise die Schuldigkeiten des Mannes seinem Weibe gegenüber variiert wurden [13]). Angeblicher Ausstellungsort dieser Urkunden war Krems und Ausstellungstag der Kremser Simonismarkt, wie man denn überhaupt Krems als Centralsitz jener Bruderschaft fingierte; vermutlich deshalb, weil den Bewohnern jener Stadt aus Gründen welche näher zu erforschen uns nicht

---

[12]) Ähnlich verhielt es sich mit einer anderen verwanten Verbindung, der 'Blasibruderschaft,' welche zu Anfang des vorigen Jahrhundertes in Wien bestund; es scheint eine Art Narrengesellschaft gegen allerhand Albernheiten gerichtet gewesen zu sein, welche sich gleichfalls durch Verschicken von gedruckten Bildern und Versen bemerklich machte; vgl. Kaltenbäcks Vaterländische Denkwürdigkeiten im Kalender Austria 1845, S. 8 f., Curiositäten- und Memorabilien-Lexikon von Wien. Von Realis, herausg. von A. Köhler. Wien 1846, Bd. 1 S. 224 f.

[13]) Es liegen mehre solche Acten aus dem vorigen und aus dem laufenden Jahrhunderte vor uns, als Simanbriefe, Statuten und auch ein 'Auflagsschein' über Entrichtung des 'Jahr-Schillings.'

gelang, wenn nicht der Makel so doch das lästige Vorurtheil einer gewissen Borniertheit anhaftet; möglich auch, daß dazu irgend ein vergeßener oder wenigstens uns unbekannter Volksschwank Grund bot. Noch zu allerhand anderen gedruckten Scherzen, welche bald mit mehr, bald mit weniger Witz durchgeführt sind, gab diese Gesellschaft Veranlaßung, wie sich denn ein Mitglied derselben auch entschloß, ihre Geschichte zu schreiben, worin er die ehrwürdige Bruderschaft bis zu ihren ersten Anfängen, ja bis in eine mythisch-sagenhafte Vorzeit zurück verfolgte und ihre weitere Entwickelung bis zu der glänzenden Ausbreitung, welche sie zu seiner Zeit genoß, zu skizzieren versuchte [14]).

Der Leser mag uns vergeben, wenn wir so lange bei einem Gegenstande verweilen, welcher nur mehr für die Geschichte der Sitten und des Geisteszustandes einer entschwundenen Zeit einigen Wert hat. Es gehörte diese sonderbare Bruderschaft zu den beneidenswert harmlosen Spässen des alten Wien und des alten Österreich, welches nun zu Grabe gegangen ist oder zu Grabe geht; sie gehörte zu den oft unglaublich einfältigen und abgeschmackten" Zeitvertreiben einer früheren Epoche, welche jetzt hoffentlich für immer abgethan sind, um

---

[14]) Geschichte und Statuten der weltberühmten Simandlbruderschaft, sammt einer passenden Rede des Obervorstehers. Herausgegeben auf Befehl des Ausschusses der Gesellschaft zum Nutzen ihrer lieben Mitbürger. Pantoffelhausen (Wien, 90er Jahre des vorigen Jahrh.), 8°, 16 Seiten. Eine Simansrede aus der selben Zeit, wie sie bei den Jahresfesten gehalten zu werden pflegten, aber ohne Salz, kennen wir unter dem Titel: Glückwunsch allen respektive Herrn Herrn Simandlen. Mit Ehrfurcht gewidmet von einem privilegirten Simon in einer allegorischen Rede. Wien, o. Dr. u. J., 8°, 31 Seiten. Diese uns vorliegenden Schriftstücke hat theilweise schon ein gemeinschaftlicher Freund von uns zu einigen Feuilletonartikeln in der Wiener Zeitung 1860, Abendblatt Nr. 196. 198. 199 und 207 benutzt.

würdigeren, wenn auch vielleicht minder zahmen Äußerungen des Volksgeistes Platz zu machen.

Von Hans Weitenfelder, dem Dichter des Lobspruches welchen wir hier mittheilen, und von seinen Lebensverhältnissen wißen wir leider nicht mehr zu sagen, als was sich aus seinen Werken und aus deren Titeln von selbst ergibt. Er übte um 1573 das Seilerhandwerk zu Wolkersdorf, einem Flecken im Viertel unter dem Mannhartsberge in Niederösterreich, wo er ansäßig, möglicher Weise auch geboren war. In der Welt scheint er mehrfach herumgekommen zu sein: wenigstens spricht er von seinem Aufenthalte in Wien 1573 und in Linz. Dabei war er vermählt, sein Weib aber, wie sich aus der melancholischen Klage in Z. 395 und 396 schließen läßt, zur Zeit der Abfaßung des Gedichtes schon weit davon entfernt, ihn durch bloß körperliche Reize zu entzücken oder zu feßeln; übrigens schöpfen wir gerade aus dieser Stelle zugleich die befriedigende Versicherung, daß seine häuslichen Verhältnisse den von ihm geschilderten zum Vortheile seiner Seelenruhe nicht glichen, worin wir übrigens durch seine in dem sogleich näher zu besprechenden Liede, und namentlich in der 13ten Strophe dargelegten Grundsätze über Behandlung der Weiber bestürkt werden. Aus den Schlußzeilen 397 ff. sieht man daß er noch manche andere 'Reime' verfasst haben muß, die mit Vorliebe von bösen Weibern handelten und ihm so den Ruf eines Weiberfeindes zuzogen. Uns ist von diesen älteren dichterischen Versuchen, wenn wir von dem oben besprochenen Heiratsbriefe absehen, dessen Verfaßer wir unentschieden laßen müßen, bloß 'Ein hüpsch news Liedt, wie man den bösen Weybern vnd Meyden die Klappersucht vertreibet' zu Gesichte gekommen, welches wir hier gleichfalls abdrucken laßen. Der Eingang des Liedes ist jenem des 'Lobspruches' ganz ähnlich und verrät dieser Art eine gewisse Armut an

Erfindungsgabe; im weiteren Verlaufe gibt er höchst energische, aber seiner Meinung nach unfehlbare Mittel an, schlimme Weiber, mit welchen man heimgesucht werden könnte, gründlich zu beßern: der satyrische Character des Lobspruches tritt durch dieses Lied um so deutlicher hervor. Auch bei diesem Werke hat der Dichter ältere Volksschwänke benutzt und er scheint auch wieder mit dem Liede einen glücklichen Griff gethan und vielfache Zustimmung sich erworben zu haben[15]). Andere Arbeiten Weitenfelders mögen sich vielleicht noch auf andern deutschen Bibliotheken bergen. Veranlaßung zu solchen Reimereien gab ihm übrigens seine Stellung als 'Britschenmaister', welche ihm neben seinem anderen Handwerke zukam, zur Genüge.

Die Pritschenmeister waren nämlich in älteren Zeiten eine Art Diener an Schießstätten und bei Schützengesellschaften. Ihr Ursprung wird auf die Herolde und Wappendichter zurückführen, nur daß natürlich der heraldische Theil, dessen die Pritschenmeister nicht mehr kundig waren, entfallen muste. Der Name leitet sich von dem Zeichen ihrer Würde, der Britsche oder Pritsche [16]) her und sie selbst nehmen an den Schießplätzen gewissermaßen die Stellung eines Ceremonienmeisters ein, wie sie denn auch hier die Polizeigewalt gegen zudringliche Gaffer übten und über Beobachtung der Schieß-

---

[15]) Joh. Olorinus Variscus in seiner schon angeführten Ethographiae Mundi Pars Secunda läßt S. 127—131 seinen Andreas dem bedauernswerten Simon ebenfalls lustige 'Recepte' gegen die Übergewalt seines Weibes mittheilen, worin die angerathenen Hilfsmittel sowol in ihren Benennungen, als namentlich und besonders in ihrer Aufeinanderfolge so genau mit unserem Liede stimmen, daß man klar sieht, daß Sommer hier Weitenfeldern benutzt und ausgeschrieben hat. **Faustöpffel** misversteht oder liest er falsch: **Fausttafflein**.

[16]) Die **Britschen**, ein Werkzeug zum Schlagen, das breit und mit klatschendem Laute auffällt; Schm. 1, 272.

ordnung wachten; mit ihren Bezügen waren sie zum Theile auf die Strafgelder für allerhand Verstöße und Vergehen bei den Schießübungen angewiesen, indem sich der Schuldige durch eine Geldsumme von der ihn sonst treffenden 'Strafe der Pritsche' loskaufen konnte. Ihr Anzug war das Narrenkleid und dadurch wurden die improvisierten Spässe harmlos, mit welchen sie sich über unglückliche Schützen lustig machten, während sie jene, welche einen guten Schuß thaten, in einem zwei- oder vierzeiligen Reimspruche feierten [17]). Bei den verschiedenen Festen ihrer Schützengönner und anderer Honoratioren, bei feierlichen Schießen und Aufzügen

---

[17]) Vgl. Schm. 1, 272 f.; Gräters Bragur 3, 102 ff. Einigermaßen ein Bild der Thätigkeit des Pritschenmeisters erhalten wir aus Joh. Friedr. G. Erdmanns Versuch Zu einer umständlichen Historie vom öffentlichen Armbrust- und Büchsen-Schiessen . . . Leipzig 1737, wo er S. 69 ff. ein öffentliches Landschießen zu Dresden unter Kurfürst Johann Georg von Sachsen schildert: 'Den 5. Februarii kam der Churfürstliche Sächsische Pritsch-Meister George Färber aus dem Churfürstl. Sächsischen Schieß-Hause, durch das gemeine Thor in den Schloß-Hof. Vor ihm giengen zwey Trommel-Schläger und zwey Pfeiffer in ihrer gewöhnlichen Liberey, der Zieler aber trug ihm die Artickul zum ablesen nach. Und nachdem er zum andern mahle den Schloß-Hof umzogen und sich unten gegen das Churfürstliche Raths-Gemach gestellet, laß er die Artickel zum bevorstehenden Armbrust- und Büchsen-Schießen folgenden Inhalts ab.' Nach dem 10ten dieser Artikel (a. a. O. S. 75) darf zwar jeder Schütze vor dem Schießen sich versuchen und Bolzen wie Sehnen einschießen, aber nur in die hergerichtete Versuchwand, nicht in die 'gute Wand,' 'bey Straffe der Pritsche oder dem Pritsch-Meister 1 Thlr. zu erlegen.' Die nämliche Strafe trifft nach Artikel 12 (a a. O. S. 76) diejenigen, welche vor die Wand oder den Schlag laufen um nach ihren Schüßen zu sehen, oder gar in die Schreibestube und an den Schreibetisch sich eindrängen. Auf einem der Kupfer in der Beschreibung des großen Schießens, welches 1716 Karl VI zur Feier der Geburt des Erzherzogs Leopold den Wienern gab (vgl. Anm. 20), empfangen zwei Pritschenmeister den ankommenden Kaiser, auf einem andern scheint der Pritschenmeister als Ordner zu fungieren.

und bei ähnlichen Anläßen pflegten sie sich mit dichterischen Gaben einzustellen, deren uns aus verschiedenen Gegenden Deutschlands noch ziemlich viele erhalten sind, bei welchen aber gerade der poetische Wert meist der geringste war, weshalb auch später der Name der Pritschenmeister, gleich dem der Meistersinger, eine geringschätzige Nebenbedeutung erhielt, welche ihm in früheren Zeiten noch nicht anhieng. Über die Organisation der Pritschenmeister bei uns zu Lande, namentlich über den Unterschied zwischen obristem Pritschenmeister in Österreich und Pritschenmeister in Österreich schlechtweg, so wie über ihr beiderseitiges Verhältnis zu einander wißen wir leider nichts näheres beizubringen: wahrscheinlich war der erstere am kaiserlichen Hofe angestellt, 'Kaiserlicher Majestät Pritschenmaister und Hofpoet' wie man es auch wol zu nennen pflegte. Eben so vermögen wir bloß wenige Namen österreichischer Pritschenmeister und diese nur ohne Zusammenhang anzuführen. Die einzigen, welche uns bekannt wurden, sind **Heinrich Wire**, Wirri oder Wirrich, ein Schweizer, um 1563 'obrister Britschenmeister in Schweitz', zwischen 1568—1571 als 'Obrister Pritschenmeister in Oesterreich' vorkommend, von welchem mehre Reime gedruckt sind [18]); dann unser **Hans Weitenfelder**

---

[18]) Vgl. Goedeke Grundr. S. 294, §. 144, 24. Beiläufig sei bemerkt, daß sich in den Stadtrechnungsbüchern von Znaim in Mähren zum 8. Merz 1572 die Notiz findet: 'Vmb verehrte Abcontrafactur des Turniers Platz vnd andere Geschichten, so bei gehaltener Hochzeit des Ertzherzogen Kharls beschehen Ihr. Mt. Pritschenmeister entgegen verehrt 1 fl.' Es bezieht sich dieß auf das weniger durch künstlerische oder poetische Vorzüge als durch seine Seltenheit bemerkenswerte Werk: 'Ordenliche Beschreibung des .. Beylags oder Hochzeit des Erzh. Karls von Oesterreich mit Maria Hertzogin in Baiern. Durch Heinrichen Wirrich Obrister Pritschenmaister in Osterreich. Wien durch Blasium Eberum in der Lambl Bursch. 1571,' Fol. (Goedeke a. a. O.; Denis Lesefrüchte, Wien 1797, I, 55; Kaltenbäcks

um 1573 dichtend; weiter der bekannte **Benedict Edelpöck**, welcher 1568 als Trabant in Diensten des Erzherzogs Ferdinand von Österreich stund, später 1574 als Pritschenmeister vorkommt, und ein bewegtes und nicht immer glänzendes Leben geführt zu haben scheint, indem wir ihn wiederholt, zuletzt 1602, um welche Zeit er gestorben sein mag, als mit Almosen betheilt erwähnt finden: von seinen dichterischen Producten kennen wir neben einer Beschreibung des ritterlichen Schießens zu Zwickau noch die in neuerer Zeit veröffentlichte 'Comedie von der freudenreichen geburt vnsers Ainigen Trost vnnd Hailandt Jhesu Christi'[19]); endlich ein gewisser **Lovis Lehl**, wie es scheint ein Engländer, welcher 1716 als 'Kayserl. Hofzeitvertreiber und ordinari Brütschenmeister in der Kayserl. Favorita Schießstatt' erwähnt wird[20]), sich aber literarisch nicht scheint beschäftigt zu haben.

Noch bleibt uns ein Wort über die uns vorliegenden Originale und über unser Verfahren bei dieser Ausgabe zu sagen. Der Druck des Lobspruches, welchen wir benutzen, in Haydingers Besitz, ist in Kleinoctav, besteht aus acht ungezählten Blättern, ohne Signatur aber mit Custoden, und ist zu Augsburg bei

---

Öst. Zeitschr. 1837, S. 177 ff.); Wire scheint also dieses Buch als Geschenk herum gesant zu haben.

[19]) Flögel, Gesch. der Hofnarren S. 268; Gervinus, Gesch. der d. Dichtung, 4. Aufl., 3, 144; Goedeke a. a. O. S. 335, §. 152, 380; Weinhold, Weinachtspiele und Lieder aus Süddeutschland, S. 187 ff., wo S. 193—288 jene Comoedie abgedruckt ist.

[20]) Beschreibung Des Haubt- und Frey-Schiessen, Welches Von Ihro Kayser- und Königl. Catholischen Majestat Carolo Sexto Wegen erfreulichster Geburt, Leopoldi ... Der Wiennerischen Burgerschafft gegeben worden ... Wienn in Oesterreich, gedruckt bey A. Heyinger, Anno 1716, S. 31.

M. Manger erschienen [21]); das 'Lied', den Schätzen der k. k. Hofbibliothek entlehnt, ist gleichfalls in kleinem Octav, enthält vier ungezählte Blätter, mit Signatur und Custoden, und rührt aus derselben Officin her. Den Text beider Gedichte haben wir hier unverändert widergegeben und bloß die Interpunction geregelt: in dem alten Drucke des Lobspruches selbst steht, wie nicht selten in jener Zeit, immer bloß zu Ende der ersten Zeile jedes Reimpaares ein Strich, am Ende der zweiten aber ein Punct; in dem Drucke des Liedes ist nach jedem der fünf ersten Verse der einzelnen Strophen ein Strich, nach dem letzten ein Punct. In Anmerkungen unter dem Texte haben wir, so weit es in mundartlicher oder sachlicher Beziehung nötig schien, einige Erläuterungen beigefügt, welche vielleicht geeignet sein werden, das Verständnis auch in weitern Kreißen zu erleichtern. Endlich ist am Schluße ein Wörterverzeichnis angehängt, in welchem möglichst alles, was in cultur- oder ortsgeschichtlicher oder in sprachlicher Hinsicht von einigem Interesse sein könnte, aufgenommen ward.

Schließlich sei bemerkt, daß wir namentlich in den Anmerkungen Werke, auf welche wir uns öfter zu berufen hatten, mit abgekürztem Titel anführen; zum Überfluße stellen wir diese Abkürzungen, welche wol ohnedieß leicht verständlich sind, hier zusammen.

Ben. = Mittelhochdeutsches Wörterbuch mit Benutzung
  des Nachlaßes von G. F. Benecke ausgearbeitet
  von Dr W. Müller und Dr F. Zarncke. Leipzig
  1854 ff., drei Bände.

DMA. = Die Deutschen Mundarten. Eine Monats-
  schrift für Dichtung, Forschung und Kritik. Her-

---

[21]) Nach dem Titel der oben erwähnten niederdeutschen Bearbeitung zu urtheilen, scheint der Urheber derselben eine Ausgabe des Gedichtes benutzt zu haben, welche in Wien selbst gedruckt und von der uns bekannten wenigstens in der Überschrift etwas abweichend war.

ausgegeben von Dr G. Karl Frommann. Nürnberg 1854—1859, sechs Bände.

Gr. WB. = Deutsches Wörterbuch von Jacob Grimm und Wilhelm Grimm. Leipzig 1854 ff., so weit es erschienen ist.

Höfer = Etymologisches Wörterbuch der in Oberdeutschland, vorzüglich aber in Österreich üblichen Mundart. Von Mathias Höfer. Linz 1815, drei Bände.

Schm. = Bayerisches Wörterbuch von J. A. Schmeller. Stuttgart und Tübingen 1827—1837, vier Bände.

# Ein schöner Lob-
spruch vnd Heyrats Ab-
red zu Wien, vnd in dem Land O-
sterreich vndter der Enns gebreuchig, Wie man
die Weyber die Zeyt jhres Lebens halten, vnnd
jhnen außwarten soll, Damit Sie lang
schön bleyben, Vnnd jren Männern nicht abgünstig
werden.

Mit sonderm fleiß Reimweiß
gestelt vnd gedicht.

## Durch Hansen Weyten-
felder, Sayler vnnd Britschenmaister inn Osterreich, seßhafft
zu Wolckersdorff.

## Gedruckt zů Augspurg, bey
Michael Manger.

Wie man zalt Fünfftzehnhundert Jar   Blatt 1 b
  Vnd drey vnd fibentzig fürwar,
Derfelben zeit kam ich gehn Wien,
  Gedacht wo ich künd Gelt verdien,
5 Vmb Faßnacht zeit, verfteht mich baß,
  Im felben gleich ain Hochzeit was.
Bald ich daffelbige vernam,
  Schaut das ich zu der Abred kam,
Vnd thet darneben mercken auch,
10   Was man zu Wien helt für ain brauch
In der Hauptftatt in Ofterreich,
  Da man nit bald findt jhres gleich
Mit allen fachen wie man will;
  Vom felben ich yetzt fchweyge ftill.
15 Der Breutgam war ain junger Gfpan,
  Sein Nam der war genandt Siman,
Vnd Junckfraw Margreth hieß die Braut:
  Nun mercket wie die Abred laut.
Gůt ehrlich Zeugen hett man betten,
20   Ich gedacht ich muß hinzu baß trettcn.
Die zwey fetzt man neben einander,
  Ein Herr mit namen Alexander
Der zaigts dem Siman an mit rhů,
  Was jm Margreth werd bringen zů,
25 Zwey hundert Gulden bares Gelt;
  Darnach hat er noch weyter gmeldt,
Das Siman auch erlegen foll

---

5 baß, *beßer, mehr, vgl. Z. 20; Schm. 1, 205, Gr. WB. 1, 1153 ff.*
— 7 bald, *sobald, quum, quando; in demselben Sinne auch V. 62
und 89; Schm. 1, 170. Gr. WB. 1, 1081 ff.* — 15 Gfpan, *Gefürte,
Geselle, Schm. 3, 567.* — 16 Siman *vgl. oben S. 4.* — 17 *Der Name
Margreth für die Braut ist wol nur seines häufigen Vorkommens in
jener Zeit wegen gewählt, wie man denn auch sagt: Hans mit seiner
Grete u. s. w.; vgl. Schm. 2, 125; wenn seine Greta schlegt der Hauns,
Joh. Olorinus Variscus, Ethographiae Mundi Pars secunda, S. 68.* —

Zwey hundert Gulden waiß ich wol,  *Bl. 2 a*
Auch das er zu erlegen hab
Wol hundert zu der Morgengab, 30
So ferr fie Jungkfraw gfunden wirdt,
Wie jhr dann daffelb zu gebürt,
Vnd das ers auch in Ehren hab:
Solch widerleg vnd Morgengab
Bringt Fünff hundert in ainer fummen. 35
Auch was fie beyde mehr bekummen,
Sey farende Haab, Gůt vnd Gelt,
Solchs hat er auch mit fleyß gemelt,
Das ers mit halbem theil begab,
Vnd das man alßdann Hochzeit hab. 40
Darnach wann fie die Hochzeit han,
Soll er vor gemelter Siman
Gůt acht haben vor allen fachen,
All wochen jr zwey fchwaißbad machen,
Vngfahrlich auff den Mitwoch eins, 45
Vñ auff den Sambftag auch ein kleins,
Oder ain Volbad wie fie will,
Das er jr fetz kein maß noch zil.
Vnd wann fie fitzt inns Bad hinein,
Das fie verfchen fey mit Wein, 50
Ein weiffen oder rodt darfůr,
Oder ain Kandel mit Trigler Bier.

---

30 *Morgengab, das Geschenk, welches die Vermählte am Tage nach der Hochzeit von ihrem Gemahle erhielt; Grimm, Deutsche Rechtsalterth.* 441 *ff. Schm.* 2,616. — 34 *widerleg, Widerlage, jener Vermögenstheil, welchen der Mann seinem Weibe im Ehevertrage für ihr mitgebrachtes Heiratsgut zusicherte; Grimm a. a. O.* 430. *Schm.* 2, 453. — 52 Kandel, *Kändel* 319, *eine kleine Kanne, Schm.* 2, 302 *f. Ben.* 1, 786. Triglerbier, *oder wie es V.* 305 *geschrieben wird* Trůglerbier, *ist Bier aus Iglau in Mähren; wir finden den Namen von Iglau in dieser seltsamen Form, welche wir uns, allerdings schüchtern, aus einem misverstandenen obliquen Casus: von der Igla, aus der Igla u. s. w. zu erklären suchen, zweimal bei Sigmund von Herberstein, in seiner von*

Zu demſelben thût auch noch not
Ein wol gebâhte ſchnitten Brot
55 Mit Saltz, Kümmel oder Aneiß, *Bl. 2 b*
Durchauß im Bad kein ander ſpeyß.
Vnd nach dem Bad ſoll ſie ſich laben,
All mal jr fertig Jaufen haben:
Ein Thona Hôchtel, gebachne Strauben,
60 Oder will ſie was anders klauben,
Zur abkûlung ein guten Triet,
Bald ſie auß bad, das vor jhr ſteht,
Oder funsten zwey friſche Eyer,
Ein richtel Kreps, wann zeit da wer,
65 Gebachne Saluey kûchlin darfür,

---

*Th. G. von Karajan (Fontes rerum austriacarum I, 1) herausgegebenen Selbstbiographie, und zwar S.* 295 Trigla *und S.* 306 Igla *oder* Trigla. *In Wien ward das Iglauer Bier beim Mauthause am Tabor ausgeschenkt:*
  Nun zeucht die Riemen, gebt die maut,
  Hie khumb wir auff den Tauber ein:
  Findt Triegler bier, gûten wein;
*Schmeltzls Lobspr.* 98—100. *Das Bier von Iglau war nicht nur von alters her berühmt und ward weit verführt, sondern es zählte auch geradezu zu den besten Bieren von Deutschland und galt als würdiges Geschenk für Fürsten und Kaiser; vgl. Chr. d'Elvert, Geschichte und Beschreibung der k. Kreis- und Bergstadt Iglau in Mähren, Brünn* 1850, *S.* 164 *f.* 349*; Zeillers Topographia Bohemiae, Moraviae et Silesiae, Frankf. a. M.* 1650 *S.* 99. — 54 bähen, *durch Dunst erwärmen,* bähen, *Schm.* 1, 135. *Gr. WB.* 1, 1076. *Ben.* 1, 78. — 58 Jaufen, *ein Zwischenmal, gewöhnlich zwischen Mittag- und Abendbrot, aber auch zwischen Frühstück und Mittagmal; hier und Z.* 128. 137 *in ersterem Sinne; Höfer* 2, 37 *f. Schm.* 2, 271. — 59 Strauben, *eine Art krauser Mehlspeise, wozu der Teig durch einen Trichter in die heiße Butter gegossen wird, Schm.* 3, 676. — 60 klauben, *kleinere Dinge, besonders freiliegende, mit den Fingern einzeln auflesen, Fleisch von den Knochen ablösen u. s. w. Schm.* 2, 350 *f.* — 61 Triet, le trisenet, *sind gebähte Semmeln, mit Zucker und Gewürz bestreut und mit rotem Weine übergossen; vgl. Schm.* 1, 503: triet, panis escharites imbutus vino, *Prompt. von* 1618. — 64 ein richtel, *ein Gericht, vgl. auch* 134; 131 *steht dafür* ein eſſen, 116 ein richt. —

Damit das Nachtmal erwarten wür.
Auch foll Siman das auch wol wiffen,
Zu Winters zeyten fein gefliffen,
Wann fein Haußfraw oder Margreth
    Zu Morgens von dem Beth aufffteht,           70
Das fie vor froft verwaret fey,
Soll er durch lieb vnd rechte trew
Nach jrem Vnderhemmat fragen
    Vnd laffen fein zum Ofen tragen,
Mit fampt dem Nachtbeltz wärmen bald,     75
    Das jhr die Mütter nicht erkalt;
Ein bar Puntoffel auch da fey:
Dife bemeldte ftuckh all drey
Soll man mit fleyß zu allen tagen
    Zu jhrem Beth fein laffen tragen.         80
Wann aber feind die Dirnen auß,
    Das keine nicht da wer zu Hauß,         *Bl. 3 a*
So foll Er folches felber than,
    Vnd alle Gfchäfft fonft laffen ftahn,
Darzu foll er fein vnuerdroffen.             85
    Ferrner wurd auch allda beschloffen,
Zu auffenthaltung langes Leben
    Soll er jr ein Brantenwein geben

---

76 die Mu̇tter, *vulva*, Schm. 2, 658. Ben. 2, 268. — 81 Dirne, *hier Magd, Dienstmädchen, Höfer* 1, 156. Schm. 1, 397 Gr. WB. 2, 1185 ff. — 86 ff. *Mit diesem und den nachstehenden Versen may man folgende Stelle vergleichen:* wie bey vns früw der Prent weyn, Malmafier, Meth, bald die Morgenfupp, die weret biß auff das mittagmal, darnach die zech vnd vndertrunck, das abentmal daraufff, wider eyn zäch vnnd fchlafftrunck; *Von dem greüwlichen lafter der trunckenhayt, fo inn difen letzten zrytten erft fchier mit dē Frantzofen aufkomen....* Sebaftian Franck (4°. o. O. Dr. u. J.; *die Vorrede datiert:* Anno Domini M. D. xxviij), *Blatt* D 4 b. — 87 auffenthaltung, *Erhaltung, suftentatio,* Gr. WB. 1, 638. — 88 Branterwein, *hier noch mit flectiertem Particip, vgl.* Gr WB. 2, 305; *über Gebrauch und Bereitung des Branntweins in jenen Zeiten kann man das Weinbuch des Johannes Rasch, München bei A. Berg* (1582), *Blatt* 40 a *nachsehen.* —

Zu Morgens balds vom Beth hergeht,
90 Doch das vor neun Vhr nicht aufffteht;
Darnach auch ein gute Frůfuppen,
All tag verwechßlet vnd fein ftuppen,
Wie es jr fchmeckt nach jrem gfallen.
Zu der Suppen foll er jr zalen
95 Ein Wermůt oder Saluey Wein,
Scalpendri, Melis, was mag fein,
Steht zu jrem gfallen entgegen,
Von lufts vnd vbriger Hitz wegen.
Im Summer wann fie fich wolt laben,
100 Morgens ein kalte Suppen haben,
Soll auch diefelb nit anders fein,
Dann Rainfal oder fonst fůß Wein
Mit gbåthen Semblen vnd Triet,

---

92 das Stupp *ist Staub, und was zu Staub fein zerrieben ist; die Speisen ftuppen heißt sie mit Pfeffer und anderen Gewürzen aus der Stuppbüchse bestreuen, Höfer 3, 201. Schm. 3, 604. DMA. 3, 330.* — 95 f. *Man kennt die Beliebtheit und den häufigen Gebrauch von Kräuter- und Gewürzweinen, deren hier einige aufgezählt werden, in früheren Zeiten; über Wermůtwein, wie man ihn zubereitete und wofür man ihn nützlich glaubte, ist Rasch Weinbuch, Bl. 38 b—39 b, über Salveywein ebd. Bl. 38 nachzusehen. Auch in dem Verzeichnis der Weinsorten in Leonhard Schertlins: Künftlich trincken. Eyn Dialogus von Künftlichě vnd höflichem, Auch vihifchem vnd vnzüchtigem trincken ... Straßburg 1538, heißt es Blatt E 1 a:*
... vnd gfewrt wein,
Wermůt, Salbei, die fer gfunt fein. —
96 Scalpendri, *Asplenium scolopendrium* L., *Hirschzunge;* Melis, *Meliße, Melissa officinalis* L.; *beide officinelle Kräuter finden wir hier zu Würzweinen verwant.* — 102 Rainfal, Raifal, *vinum rifolium, eine berühmte Weinsorte von Prosecco im Gebiete von Triest; vgl. Th. G. von Karajans. Anm. zu Joh. Tichtels Tagebuch (Fontes rerum austr. I, 1) S. 17; Schm. 3, 95. Rasch im Weinbuche Bl. 48 b sagt von ihm:*
Der Rainfal ift allweg der beft
vor allen füffen weinen gweft.
*Schertlin lobt ihn Bl. E 1 a unter dem Namen* Reynfeller. — 103 Sembel, Semmel, *ein feines Weißbrödchen,* Höfer 3, 331. Schm. 3, 247 f. Seml, *Schmeltzls Lobspr.* 260. —

Wies felb begert vnd wol verfteht.
Wanns. aber früer aufftehn wolt 105
(Darfür fie fich doch hüten folt),
Kein Früftuck noch nit wer im Hauß,
So fchickt er in die Garkuch auß
Wol vmb ain Flaifch fein in der Brell, *Bl. 3 b*
Vmb ain Fleckfuppen wie fie wöll, 110
Das fie nit fchwach werd vnd auch mat;
Drumb fchaw er das ain Früftuck hat.
Volgends foll er auch nicht vergeffen,
Vmb zehne mit jhr das Mal effen,
Das dem ftäts volziehung gefchicht, 115
All mal acht oder zehen richt.
Auff das foll er fein wol bedacht
Zum Frűmal vnd auch zu der Nacht,
Das fie hab ein guten Speißwein:
Ir trůnck follen nit gmeffen fein, 120
Sie wöll fich dann zu gutter maffen
An einer Achtring bnűgen laffen.
Im Sommer, wann der tag ift lang,

---

109 Flaifch in der Brell, geprelltes Fleifch *ist leicht und wenig gekochtes, noch mit vollem Saft.* — 110 Fleckfuppen, Suppe *aus* Fleck, *Kuttelflecken, Kaldaunen, Höfer* 1, 229. *Schm.* 1, 584. — 116 richt *vgl. oben zu 64; (ein Mal) mit folcher mayfterfchafft zügericht, das kein richt die andern hinder, noch die gnűg den luft minder vnnd außlöfch; Seb. Franck, a. a. O. Bl. G 2a.* — 122 Die Achtring; 'dann ein Emer hat vier Viertel, ein Viertel zwey Achtel, oder Stauffen, ein Stauffen hat fünf Aechtring und ein Seitel; hat alfo ein Viertel zehen, und eine halbe Aechtring; ein halber Emer aber 21; ein gantzer Emer 42 Aechtring'; *Unter-Oefterreichifcher Land-Compaß, Aus welchem Unterfchiedliche fchöne Landes-Bräuche, und Gewohnheiten, auch ein gewiffer Entwurf der Anfchläge und Schätzungen, neben anderen Eigenfchafften des Landes, wie felbe bißhero gepflogen worden, angezeigt werden... Durch Stephanum Sixsey, Wien* 1749, *S.* 47; *dieß galt vom Wein, beim Schmalz hatte der Eimer um zehn Achtring weniger, ebd. S.* 48. *Das Wort kommt auch in Schmellzle Lobspr.* 270. 272 vor. bnügen, *genügen Gr. WB.* 1, 1475 *f.* —

Das jr wirdt daheymen gar bang,
125 Vnd das Nachtmal nit kundt erwarten,
Spatzier er fein mit jr in Garten,
Daſelbs ſoll eins dem andern laufen,
Dieweyl bringt Köchin jn ein Jauſen.
Das nicht ein Mal ſey wie das ander,
130 So ſagt jr Redner Alexander:
Ein eſſen Kreps vnd güte Sängle,
So bleyben fein klar jre wängle;
Vnd wann dieſelben Viſch nicht ſein,
Ein richtel Grundel ſteht auch fein;
135 Ein gſottens Hechtel ſteht auch wol,
Koppen vnd Sängl ain Teller vol. *Bl. 4 a*
Zu ſolcher Jauſen ſoll noch ſein
Ein abkültes Fläſchlein mit Wein:
Iſts dann gar haiß, ſo merck mich wol,
140 Nemm man ain groſſe Flaſchen vol;
Mag auch haben ain Gaſt oder zwen,
Darnach fein heim zum Nachtmal gehn.
Vnd wann das hat ſeinen außgang,
Das jr die weyl nit werd zu lang,
145 Soll ſie keines wegs vnderlahn,
Alle Nacht vor ain ſchlafftrunck han:
Zwo ſtundt derſelbig weren ſol,
Biß die Augen werden ſchlaffs vol,
So ſols der Siman bald verſtehn,

---

131 Sängle *und* Z. 136 Säugl, Sängel *in Schmeltzls Lobspr.* 894, *Sangerl, Zankerl, cyprinus aphya L., die kleinste Art Fische, Höfer* 3, 313 *f Schm.* 3, 271. — 134 Grundel, *Schmerle, Schlammbeißker, cobitis barbatula L., Höfer* 1, 329 *f. Schm* 2, 115. *Ben.* 1, 582; *das Wort findet sich auch in Schmeltzls Aufzählung der auf dem Wiener Fischmarkte feilgebotenen Fische, Lobspr.* 894. — 136 die Koppe, *Kaulkopf. cottus gobio L , ein kleiner Fisch; Höfer* 2, 154 *f. Schm.* 2, 317. *In Schmeltzls Lobspr.* 894 — 146 ſchlafftrunck, *ein Trunk Weines, welchen man, bevor man zu Bett gieng, einzunehmen pflegte.* —

Vnd freüudtlich mit jhr fchlaffen gehn. 150
Soll fich auch halten rechter maffen,
Wann Er fie will an Arme faffen,
Das Er nit zgrob mit jhr vmbgeh,
Vnd fie nit fchrey, er thů jr weh,
Solchs foll er felber wol verftehn. 155
Zu Morgens folls vom Beth nit gehn,
Biß all arbeyt gefchicht im Hauß
Fein luftig vnd fchön vberauß.
Zu Winters zeyten ftehts auch fein,
Ir Stůblein foll eingbaitzet fein. 160
Mit Kleyder vnd mit Weyber zier
Soll er jr kauffen nach gebür,
Fein fauber, das jr wol anftch, *Bl. 4 b*
Vnd fie wie andre Burgerin geh.
Das Gwandt fey gmacht nach jrem willen, 165
Das fie mög zeben Truhen füllen:
Yetzt auff Böhmifch, Niderländifch,
Nürnbergerifch oder Spannifch,
Das der Weyber brauch werd gehalten,
Vnd man fie lob bey jung vnd Allten. 170
Auch foll fie haben zun Hochzeiten,
Bey Ladfchafft oder fonft bey Leuthen,
Ein guldes Kettlin an Halß hencken,
Soll jrs jr Mañ der Siman fchencken;
Darzu zwey guldine Armbandt, 175
Ziert fie wol, ift jm auch kein fchandt.
Im Winter zun groffen Fefttagen
Soll fie Madrene Schauben tragen;

---

172 Ladfchafft, *ein Fest, Mal, Tanz oder Spiel, wozu Gäste geladen werden,* Schm. 2, 434. — 178 Madren, *adj., von Mader- d. i. Marderpelz; die Nebenform mader neben marder findet sich schon im mhd. und ahd.;* Höfer 2, 227. Schm. 2, 550 f. DMA 3, 465. 4, 55. Ben. 2, 68. Graff 2, 858. Schaube, *ein weites und langes Oberkleid, bei dem Landvolk ein Weiberrock oder Weiberkittel mit vielen Falten,* Höfer 3, 74. Schm. 2, 306. —

An schlåchten Feyrtag ſtehts auch ſchon,
180 Leg ſie ein Vehne Kirſchen an:
Ein rauhen Jåncker alle tag,
Wann ers nur ein wenig vermag.
Im Sommer trags von wegen ſpotten
Ein Harſen, Taffeten, Schamlotten;
185 Das ſonſt mit allem Kleidt darbey
Gar zierlich wol verſehen ſey.
Wann ſich aber begeb die ſtundt,
Das von wolluſts wegen vnd Geſund
Gen Månredorff vnd Baden wolt faren,
190 Da ſoll man auch kein Gelt nit ſparen, *Bl. 5 a*
Das ſie hab ein verhencktes Wagen,
Man nutzt jn auch zu den Kirchtagen,
Zu frewd vnd Hochzeit, zu Panckoten ;
Auch noch zum Wagen thût von nöten

---

180 Veh, vehen *und* vehn, *mhd.* věch, *adj.*, *farbig, besonders vielfarbig, bunt, vorzüglich von Pelzwerk gebraucht,* Schm. 1, 518. Ben. 3, 285. die Kirſchen, die kurſen, kürſen, kürſchen, *ein Kleid von Rauh- und Pelzwerk,* Schm. 2, 332 *f.* Ben. 1, 916. — 181 rauh, *adj.*, *von Pelzwerk,* Schm. 3, 75 *ff.* der Jåncker, Janker, *kurzes Oberkleid, Jacke, Höfer* 2, 36. Schm. 2, 270. DMA. 3, 394. — 184 harſen, *adj.*, *von Har, Flachs, vgl. zu* 234 ; ſchamlotten , *adj.*, *von Camelot,* Schm. 3, 361. — 189 Månredorff, Mannersdorf, *ein Flecken im Viertel unter dem Wienerwalde Niederösterreichs, am Leitagebirge, drei Meilen von Wien gelegen, galt als leicht lösendes Bad und als besonders empfehlenswert bei hysterischen Zuständen und Frauenkrankheiten aller Art; vgl.* Gründliche Beschreibung Des Wild-Bads zu Münnersdorff An dem Leytaberg in Oesterreich unter der Ennß, Worinnen dessen Ingredientien nach gut Physicalisch- und Chymischen Grund-Regeln untersuchet, vnd die daraus entspringende Würckung nebst der Arth zu gebrauchen klar an Tag gegeben wird *Von Philippo Floriano Prosky,* Wien 1734; Abhandlung von den heilsamsten Kräften und Wirkung, dann Gebrauch des Mannersdorfer Bades *Verfasset von J. M. Schosulan,* Wien 1783. *Baden ist der bekannte Badeort, fünf Stunden südlich von Wien; eine Abbildung in G. M. Vischers* Topographia Archiducatus Austriae Inferioris, *Wien* 1672 *(Viertel u. d. W. W. Tafel* 14) *zeigt uns das innere des 'Herzogsbades' zu Baden im* 17ten *Jahrhundert, wo es allerdings ungeniert und primitiv genug zugieng. —*

Zwey fchöne gleiche gfarbte Roß, 195
Wies offt ein Herr hat auff feim fchloß.
Wann fie dann will gehn Baden hinauß,
Soll er betrachten fein zu Hauß,
Das fie mit nimpt vnd nicht darff warten,
Ir Bethgwandt vnd zwey dutzet Karten, 200
Sechs aimer Wein, vier aimer Bier,
Ein groffe Flafch mit Maluafier,
Ein Lägel Wibacher, Rainfal darbey,
Hundert Pomrantzen, all Specerey:
Was fonft mehr abgeht, fchickt man nauß. 205
Siman foll auch mit baden drauß;

---

202 Maluafier *war von altersher auch in Österreich berühmt; Rasch im Weinbuch Bl.* 48 b *sagt von ihm:*

Ein Malmafier, der edelft wein,
Kündt ftärker nit, noch beffer fein;
Der gibt mit feiner aigenfchafft
Den gfunden freud, den krancken krafft.

*Der* Maluafier *steht auch in dem Weinverzeichnisse bei Schertlin, Bl.* E1 a. — 203 das Lägel, *ein kleines Fäßchen, Höfer* 2, 190. *Schm.* 2, 447 *f. DMA.* 2, 186. 6, 435. *Ben.* 1, 929. Wibacher *war ein vielberühmter süßer Wein, der bei* Wibach *oder* Wippach, *einem ehemals den Herbersteinern gehörigen Dorfe am Karst, gebaut ward. In jetzt gemeldtem Wipacher Bodem und auf dem Karft giebts die allertrefflichften Weine von unterfchiedlicher Gattung und in mächtig-groffer Quantität: unter welchem die roten mancherley Namen führen; .... Die Weiffen feynd gleichfalls in mancherley Sorten unterfchieden: als da find der Wipacher, welchen die Autores den Kinder-Macher nennen, weil er alle Glieder kräfftiglich erwarmt;* Valvasor, *Ehre Deß Hertzogthums Crain, Laybach* 1699, I, 270. *Die Gegend herum (um Wippach) ist überaus fruchtbar und gut; und wachft hier der, von vielen Gefchichtfchreibern fo offt-berührte und berühmte Wippacher Wein, den fie insgemein den Kindermacher neunen; Ebd* III, 2, 653. *In Raschens Weinb. Bl.* 48 b *heißt es von dieser Weinsorte:*

Der Widpacher wird auch gepreift,
Der eim mit ftarck ein tuck beweift. —

Ein Dirne die jhr dauß thůt kochen,
Vnd aine zum außfchicken d Wochen.
Auch foll jr zu gelaffen weren
210  Johannes Colman, hat fie geren.
Mann foll jhr auch nit fetzen zil,
Wie lang fie bleyben vnd baden will.
Vor täglich Marckt gehn foll fichs hůten,
Vor fewr, kochen, rath ich in gůten.
215 Ift im Sommer ain warmer tag,
An hohen Marckt fie wol gehn mag,
Zu fchawen mit luft die grůnen Linden, *Bl. 5 b*
Oder möcht dort Feyle Fifchl finden:
Wann fic daffelb befuchen wolt,
220  Siman jr das erlauben folt.
Wañ jr Gfindt thůt wafchen vnd reyben,
Soll er daheym mit jr nit bleyben,

---

207 dauß, *bei Schmeltzls Lobspr.* 323 daus, *da außen, draußen,
Gr. WB.* 2, 856. — 209 *f. Raro mulier est uno contenta viro. Nobiles
ubi ad cives veniunt, uxores eorum ad colloquium secretum trahunt:
viri allato vino domo abeunt ceduntque nobilibus; so medisiert Aeneas
Sylvius von den Wiener Damen seiner Zeit in seinem bekannten Briefe
über Wien und die Wiener: Aeneae Sylvii Opera, Basileae* 1551, *pag.*
719. — 216 *f. Die Linden auf dem Hohen Markte stunden vor der
alten Schranne, und waren ein Erholungsort der Wiener älterer Zeit;
man sieht sie, meist zwei an der Zahl, auf den meisten alten Plänen
und Prospecten von Wien und auf Abbildungen des Hohen Marktes aus
jenen Tagen: vgl. alte Topographie des Hohenmarktes in Schlagers
Wiener Skizzen, Erste Reihe, S.* 235—252. *In der Nähe dieser Linden war der Markt für Fische, Schlager a. a. O. S.* 248 *f.; darnach
scheint ein Theil des Hohen Marktes den Namen Fischmarkt geführt
zu haben, wie wir aus Schmeltzls Worten, Lobspr.* 903—907, *schließen:*

....auch fönf groffer linden
Stehn an dem Fifchmarckt, gronen fchon:
Manch menfch da fichft im fchatten ftohn,
Von der hitz faul, da wirt es ftarck.
Nachmals kham ich an Hohenmarckt. —

Mit fampt jr einen gang fürnemen,
  Soll fie dieweyl ins Hauß nit kemen,
Oder zu Gaft fonft Effen auß, 225
  Biß folchs als ift verricht im Hauß.
Sie hüt fich auch vor nähn vnd fpinnen,
  Dauon die flüß dem Gficht zurinnen;
Kem aber jr ein fchlaff entgegen
  Im Sommer, alfo von lufts wegen 230
Laß fie jr her tragen das Mädel
  Ein Augfpurgerifches Spinnrädel,
Ein gdrähten Rocken fertig gar,
  Anglegt mit eim Goldwerter Haar:
Solches mag jr werden vergundt 235
  Nit lenger denn ein viertel ftundt.
Auch foll jr fein erlaubet eben
  Mit einkauffen vnd mit außgeben
Wie fie will, fey Speyß oder Wein,
  Soll fie kein raittung fchuldig fein. 240
Vnd da er Siman in der Wochen
  Wolt auff ein Gaft, zwen laffen kochen,
Solls jm auch zu gelaffen weren,
  So ferr fie die Geft auch hat geren; *Bl. 6 a*
Doch das mans jr am erften fag 245
  Zuuor ein, zwen oder drey tag,
Das fie etwas zurichten mag,

---

224 kemen, *die mundartliche Form für* kommen, Schm. 2, 296. DMA. 3, 116. 125; khemen, *Schmeltzls Lobspr.* 284. — 231 Mädel, *Dienerin, Dienstmagd,* Schm. 2, 558 *f., wie oben Z.* 82 *und* 207 Dirne. — 234 der Haar, *bei Schmeltzl Lobspr.* 932 har, *mhd.* har, *der Flachs, Höfer* 2, 3. Schm. 2, 224 *f.* DMA. 2, 516. Ben. 1, 633. *Unter* Goldwerter Haar *scheint Flachs von Goldwörth, einem Dorfe im Mühlkreiße Oberösterreichs, zu verstehen zu sein.* — 240 die raittung, Rechnung, *von* raiten, rechnen, *Höfer* 3, 9 *f.* Schm. 3, 153 *ff.* DMA. 5, 255. 6, 97. 194. —

Vnd man jr kein böß lob nach fag.
Wann fie zum Tifch nit kem bereyt,
250 Heb man jr auff ein gutten bfcheydt;
Bleybts in der Kuchen, fchaffts auffs beft,
Damit fie loben die gladne Geft.
Das aber ftůht die kůhnlich Lieb
Nicht wancke oder werde trůb,
255 Soll der Siman mercken gar wol,
Das er mit jr nicht eyfern foll,
Mit worten, wercken folls nit gfchehen;
Wann fies gleich alfo ließ anfehen,
So foll ers alfo laffen walten,
260 Zucht, Ehr vnd keufchheyt von jr halten.
Er foll kein Gátter folcher maffen
Vor dem Fenfter nicht machen laffen
(Dardurch auch kan ein Eyfer gfchehen),
Auff das fie hab jr frey außfehen,
265 Was die Leüt auff der Gaffen thon,
Ohn allen böfen argen wohn.
Vnd wann es wer vmb Winters zeyt,
Das ein gutten Schnee hett gefchneyt,
Soll er fie laffen im Schlitten faren,
270 Vnd alle mal den Eyfer fparen,
Es fey bey Nacht oder bey Tag, *Bl. 6 b*
Mit Mann vnd Weiben wie fie mag,
Das fie alfo die zeyt vertreybt,
Vber das Breinglöcklin nit außbleibt,
275 Das leüt man Morgens gen dem Tag,

---

256 eyfern, *eiferfüchtig fein und unten Z.* 263 *und* 270 *der Eyfer, die Eiferfucht; Schm.* 1, 32 *f. Gr. WB.* 3, 87 *ff.* 90. — 261 *das Gatter, Gatter, Gitter, Höfer* 1, 275 *f. Schm.* 2, 80 *f. Ben.* 1, 489. — 274 *f. das Breinglöcklin, Primglöcklein, ward zur Prim oder Preim* (*Schm.* 1, 343) *geläutet; später galt als Sage, es werde zum Andenken an eine ehemals in Wien herschende Seuche, die Bräune, gezogen.*

So ferr fie fo lang faren mag.
Was jr nicht gfelt, das foll er maffen,
Mit worten fie vngfexiert laffen,
Wie dañ ain Mañ von feim Weib waiß,
Manche felt vor zorn in die fraiß. 280
Wann Gott fchickt fein fegen herein,
Das die Margreth foll fchwanger fein,
Soll Er acht haben jhr Siman,
Kein harten tritt fie laffen than,
Nicht hoch ftigen fteygen, noch fchwer heben, 285
Auff das das Kind nit kom̃ vmbs leben.
Wann die zeyt der Geburt nun kompt,
Soll Ers zuuor als haben gfrůmpft,
Soll auch wiffen die Raittung wol,
Wann fie gwiß niderkommen foll, 290
Darnach mit fleiß auffmercken eben,
Ein feins růhwigs Stůblein eingeben,
Ein fchône Fladerne Bethftadt,
Vnd alle fach fein in Vorrath,
Ein fchôn grůn Taffeten Fůrhang. 295
Vnd das jr werd die weyl nit lang,
Stell er jr etlich Weiber zu,

---

Das preimglócklein darin *(im Stephansthurm)* auch hecht,
Ehe dann man zu fingen anfecht
Täglichen frue vnd vefperzeit,
Wirt eß ein gantze ftundt geleut;

*Schmeltzls Lobspr.* 411—414; *vgl. auch Curiositäten- und Memorabilien-Lexicon von Wien, von Realis, herausgegeben von Anton Köhler, Wien 1846, Band 2, S.* 260. — 277 maffen, *fich maßen, sich müßigen, sich enthalten,* Schm. 2, 626. — 280 die fraiß, *heftiger krampfhafter Zustand; die* Mutterfrnis, *convulsiones hystericae, Höfer* 1, 239. *Schm.* 1, 617. *DMA.* 3, 191. — 288 gfrůmpt, *part. von* frümen, *voraus bestellen, bestellen, machen laßen,* Schm. 1, 612 *f. DMA.* 5, 335. — 293 Fladern, *adj., von Fladar- oder Maserholz, Schm.* 1, 585. *Ben.* 3, 334. *DMA.* 5, 231. —

Das man jr bey leyb nicht weh thû, *Bl. 7 a*
Koppaun vnd Hûner zwo steigen vol,
300  Zwölff Achtel schmaltz sie haben soll,
Ein schachtl mit Gwürtz, drey Zuckerhût,
Solls als fein willig thon mit gût;
Ein achtzehn Aimrigs Faß mit Wein,
Des besten, soll kein schlechter sein,
305 Vier aimer Trûglerbier, wanns will,
Doch das sie deß nit trünck zuuil.
Vnd wann sie kompt ins Kindbett ein,
Soll jm Siman verbotten sein,
Vber Feld nicht zu Raisen auß,
310  Die sechs Wochen bleiben zu Hauß,
Wann jhr dann thon die Lenden wehe,
Das Er jrs reyb vnd zu jr gehe.
Vnd was belanget die Hebammen,
Kindtswarterin vnd alles sammen,
315 Soll Er derselben keine straffen,
Nur sie allein mit lassen schaffen.
Auch wann sie glücklich niederkůmpt,
Soll er beym Goldschmid haben gfrůmpt
Ein silbrne Gůrtel, ain vergulds Kåndel,
320  Oder ein guldes bar Armbåndel,
Auß frewden jhr solches verehren,
Wie Er es sicht von andern Herren.
Zwo Schüssel vol Confect solls haben,
Wanns schwach wirdt, so kan sie sich laben;
325 Zwey Marcipan vnd solche sachen, *Bl. 7 b*

---

299 die steige, *Gitter aus Stäben oder Latten, womit z. B. der Hühnerstall von dem Futtertroge abgesondert wird, dann der Stall für Hühner und anderes Feder- oder Kleinvieh selbst, Schm. 3, 624.* — 300 das Achtel, *vgl. oben zu 122.* — 315 straffen, *tadeln, zurechtweisen, Schm. 3, 682 f.* — 325 f. *Bekanntlich wurden in früherer Zeit eingemachte Früchte, Confect und ähnliche Dinge, welche jetzt dem*

Soll man in der Apodeck machen.
Auch foll er noch verfaffet fein
Mit einem füffen Welfchen Wein;
Das fie nit eß was jr thůt fchaden.
Vnd zu der Kindstauff foll er laden 330
Vil Erbarlicher feiner Frawen;
Er foll auch felber zu jhn fchawen,
Wein aufftragen, die Weyber tröften,
Man legts jm fonften auß zum böften.
Vnd auch auß der Stuben nit gehe, 335
Das jr die Mütter nicht aufftehe;
Schwitzbad foll er jr auch ankochen,
Er folls felbs reyben in fechs Wochen.
Wann die fechs Wochen gar auß fein,
So fchaw er mehr vmb fpeiß vnd Wein, 340
Vnd richt ein ehrlich Malzeit an
(Er muß feins Beüttels nicht verfchon),
Mit Wildpråt, Vögel vnd mit Vifchen,
Ohn gefahrlich zu zweyen Tifchen:
Da follens alle frölich fein. 345
Soll mit jr nicht zancken vnd grein,
Alßdann heylet wider jr Bauch,
Vnd wirt gefterckt der Weiber brauch.
Wann die Malzeit vollendt ift gantz,
Soll fie haben ain fchönen Krantz, 350
Den foll fie jrem Siman fchencken.
Er foll auch jr im beften dencken, *Bl. 8 a*
Vnd fie in züchten vnd in Ehren
Bey jm zu fchlaffen wider begeren,

---

*Zuckerbücker anheim fallen, in der Apotheke bereitet.* — 327 *verfaffet fein mit etwas, damit versehen sein,* Schm. 1, 569 f. — 341 *ehrlich, herrlich, prächtig,* Gr. WB. 3, 69 ff. Ben. 1, 445. — 346 *grein, greinen, unten* 400 *greündt gefchrieben, schmälen, ausschelten, einen Verweis geben,* Höfer 1, 320 f. Schm. 2, 111 f. Ben. 1, 576. —

355 Auffs aller froündtlichſt mit jr ſpågen.
Kein Kindt ſoll ſie ſelber nit ſägen:
Soll vmb ain ſtarcke Kindtsam̄ ſehen
(Es möcht jm ſunſt gar bößlich gſchehen),
Das die Am̄ ſauber ſey am Leyb,
360 Damit das Kindt fein geſund bleyb.
Auch ſoll der Siman ſchaffen ſein,
Das die Am̄ hab gut Speiß vnd wein,
Soll ſie auch nicht erzürnen ſehr,
Damit das Kindlein uit kranck wer:
365 Sie ſoll nit waſchen, ſegen, reyben,
Ein Am̄ ſoll bey dem Kind ſein bleyben.
Alſo waiſt jetzt ein jeder wol,
Wie er ſein Weyb recht halten ſol.
Vnd wann dann eines ſolt abſterben,
370 Das Gůt, das ſie beyde erwerben,
Sey das vberbleybend gefliſſen,
Es werd daſſelb wol ztheylen wiſſen,
Wies die Weyber hon gern zu Wien.
Er ſols nicht laſſen lang· anſtehn,
375 So ferr jms gſellig iſt in dem,
Das er ſein aigne Köchin nem,
Oder wo ſunſt ſein will hinſteht.
Vberlebt jn aber Margreth

---

355 ſpågen, *reden, ſprechen*, vgl. spächten, Schm. 3, 555. — 356 ſägen, *säugen, lactare.* — 369 *ff*. Lex apud eos est, quae superviventi coniugi partem defuncti bonorum mediam tribuit. Testamenta libera sunt: ita et viri uxoribus et uxores viris bona testantur; *Aeneae Sylvii Opera, Basileae* 1551, p. 719. — 378 *ff*. *Es ist von Intereſſe, auch mit dieſen Versen eine Stelle in dem mehr erwähnten Briefe des Aeneas Sylvius über Wien* (a. a. O. pag. 719) *zu vergleichen:* Viduae intra tempora luctus ex arbitro suo nubunt. Pauci in civitate sunt, quorum proavos vicinia norit: rarae familiae vetustae, advenae aut inquilini fere omnes. Mercatores divites senio coufecti puellas in matrimonium

| | |
|---|---|
| Irn Haußwirt Siman frumb vnd fchlecht, | Bl. 8 b |
| Mag fie auch nemen jren Knecht, | 380 |
| Den fchreiber, der auffs gwölb hat gfchaut, | |
| Dems all handtierung hat vertraut: | |
| Vnd fie jn hat ein ainigs Jar, | |
| So richts jn auch ab gantz vnd gar, | |
| Das er dem Siman gleicht, waiß wol, | 385 |
| Wie Er ain Weyb fchön halten foll. | |
| Ich waiß, wann einer fein Weyb fo helt, | |
| Das er fie ain lang zeit fchön behelt. | |
| Yetzt bitt ich all Frawen vnd Man, | |
| Ir werd mirs nicht für vbel han, | 390 |
| Was ich yetzund gercimet hab: | |
| Ich kam eins mals gehn Wien hinab, | |
| Da fagt mir ainer dife Gfchicht, | |
| Drumb hab ich difen Reim gedicht. | |
| Hett ichs alfo mit meiner tryben, | 395 |
| Sie wer mir lenger fchön belyben. | |
| Hab offt von böfen Weybern gfagt, | |
| So habens dann wider mich klagt, | |
| Wie das ich fey ein Weyber feindt, | |
| Haben mit mir gezanckt vnd greündt. | 400 |
| Ich gedacht es wirdt nit gut weren, | |
| Vnd thet derhalben widerkeren: | |
| Hab jn drumb difen Lobfpruch gmacht, | |
| Vnd fchenck jn den zu gutter Nacht. | 404 |

ENDE.

---

ducunt, easque brevi dimittunt viduas: illae inter familiares domesticos, cum quibus saepe consuetudinem adulterii habuerunt, iuvenes viros accipiunt; ita qui heri pauper, hodie dives invenitur. *Eine alte Uebersetzung des Briefes findet sich in den Beiträgen zur Sittengeschichte des Mittelalters von Fr. Gasser, Wien 1790, S. 1—10.* — 402 widerkeren, *umkehren, vergüten, gut machen, sich beßern.*

# Ein hüpfch news

*Blatt 1 a*

Liedt, wie man den bösen
Weybern vnd Meyden die
Klapperfucht vertreibet.

Im Thon:
Venus du vnd dein Kindt, feind
alle beyde blindt, ɔc.

Durch:
Hanfen Weyttenfelder,
Sayler vnd Britfchenmaifter,
Seßhafft zu Wolckersdorff.

---

**1**

Eins mals gen Lintz ich kam, *Bl. 2 a*
Hört was ich mir fürnam
Am Oftermarckt, ich fage:
Thet etlich dorten frage,
Wie man den bösen Weyben
Die Klapperfucht möcht treyben.

**2**

Ein Artzt den bat ich eben
Mir ein Recept zugeben,
Das die Faulkeit vnd fchnadern
Vnd das vnnütze dadern
Bei jnen auß möcht bleyben,
Wie ich es kündt vertreyben.

---

*Strophe* 1, *Zeile* 6 Klapperfucht, *Schwatzsucht, Zanksucht;* klappern, *schnell und eintönig reden, DMA.* 2, 464; die Klapper, *ein geschwätziges Weib, ebd.* 6, 296. — *Str.* 2, *Z.* 3 fchnadern, *schnattern, plappern, schwätzen, Schm.* 3, 497. *DMA.* 2, 464. 3, 299. 4, 188. — *St.* 2, *Z.* 4 dadern, dattern, tattern, *schnell und albern schwatzen, Schm.* 1, 462. *Gr. WB.* 2, 671. 828 *f. DMA.* 4, 188. —

3

Ein Artzt gieng zu mir her,
Gab mir ein trewe Lehr,
Sprach: wilt du von den Weyben
Die Klapperſucht vertreyben,
So nimb allmal zuſamen
Die dreyſſig Stuck mit namen.

4

Scheytkraut, Garten Salat,
Vnd Bengeſuppen ſpat, *Bl. 2 b*
Auch Brügelbrüe darbeye,
Vnd nimb ſchön Gabelreye
Vnd gelben Steckenpfeffer,
Sey dann der Kunſt ein treffer.

5

Nimb veſte Schlegelkuchen,
Füßmilch machſt auch verſuchen,
Fauſtöpffel vier Pfund ſchwere,
Nimb Ellenbogen Schmere,

---

Str. 4, Z. 2 Bengelſuppen; der Bengel, *Stock, Knüttel zum Schlagen, Schm.* 1, 182. *Gr. WB.* 1, 1471 *f*. — Str. 4, Z. 4 nimb ein ſchöne Gabelreye, *die Bedeutung ſcheint zu ſein: nimm einen ſchönen, tüchtigen Schwung mit der Gabel, d. i. Ofen- oder Mistgabel;* die Reib, Reiben, *Schm.* 3, 7 *und die* Reiden, *Höfer* 3, 29, *Schm.* 3, 54. *DMA.* 5, 255. 6, 195 *bedeutet eine geschickte Wendung mit dem Wagen, um umzukehren. Uebrigens iſt* Gabelreye *ein Wortspiel mit* Galrei, *Galerte:* Galrey, *Frisch, Teutsch-lat. Wörterb.* 1, 315a. Galrey, Galreig, *Dieſſenbach, Glossarium latino-germ. pag.* 254b. *das* Gallret *Schm.* 2, 30. galr ei, galreide, *Ben.* 1, 460. *Deshalb liest auch J. Sommer (vgl. oben EinL. Anm.* 15) *geradezu* Gaber Gallrey. — Str. 5, Z. 2 Füßmilch, *abermals ein Wortspiel mit dem in Österreich sehr gebräuchlichen* müllen, *stampfen, zerstampfen, stark schlagen, stoßen, Schm.* 2, 569. 572. *DMA.* 2, 91. 3, 69. 4, 46; Füßmilch *wäre also ein Fußstoß.* —

Vnd auch Beerwein mit namen,
Die Stuck ghören zufamen.

#### 6

Mit fünff Finger an zwirs,
Ir all tag fein auff fchmirs
Am Leyb durch alle ende,
Am Kopff, Schenckel vnd Lende,
Biß der blaw Schwaiß hertringe,
Damit die Kranckheit zwinge.

#### 7

Wanns noch nit helffen will,
So nimb ein Befenftill,
Ein Gaifelftab kein kleine,
Darnach ein Seffelbeine,   *Bl. 3 a*
Thů all jhr Glider falben
Am Leib fein allenthalben.

#### 8

Will das auch helffen nicht,
In dem ich mehr bericht,
So folt du zu den fachen
Noch ein Purgatzen machen,
Den Mayden vnd den Weyben
Die Klapperfucht zutreyben.

#### 9

Erftlich Hungerkraut nimb,
Mit Mangelkraut zuftimb,

---

*Str.* 5, *Z.* 5 Beerwein, *ein Wortspiel zwischen* die Beere, *namentlich* Weinbeere, *Schm.* 1, 190. *Gr. WB.* 1, 1243 *f. und dem Verbum* bern, beren, *stoßen, schlagen, prügeln, Schm.* 1, 187. *Gr. WB.* 1, 1501 *f. Ben.* 1, 143 *f.* — *Str.* 6, *Z.* 1 anzwiren, anzweren, zweren, *anrühren, umrühren, anmischen, namentlich eine Flüßigkeit, Schm.* 4, 403. *Gr. WB.* 1, 532. — *Str.* 6, *Z.* 5 Schwaiß, *Schweiß, Blut, Schm.* 3, 550. — *Str.* 8, *Z.* 4 die Purgatz, *purgantia, Abführmittel.* —

Von grobem hertem Brote
Gib jr all tag vier Lote,
Vnd Brunnenſafft muſt haben,
Wanns kranck wirdt, kanſts mit laben.

### 10

Mit ſolcher ſach purgier
Ein Monat oder vier,
Biß die Faulkeit vnd ſchnadren
Vnd das vnnütze dadren
Sich nit bey jr noch mere,
Probiers offt, iſt mein Lehre. *Bl. 3 b*

### 11

Wanns als nicht helffen will,
Komb zu mir in der ſtill,
So dicht ich mehr ein Kunſte;
Sein die Purgatzen vmb ſunſte,
Wills anders Brügelieren,
Obs hulff das Weyb vnd Dieren.

### 12

Wills noch nicht abelohn,
So laß du nicht daruon,
Nimb vngebrenten Aſchen,
Mit dem kanſt ſie fein waſchen,
Vnd vngeſpalten Raiffe,
Iſt beſſer dann ein Saiffe.

### 13

Windt dein Hånd vmb jr Haar,
Vnd ziechs in d Stuben dar,
Kehr alle Zymmer aufe,
So haſt ein raines Haufe:

---

*Str.* 11, *Z.* 5 Brügelieren, *ein Wortspiel zu* purgieren *oben* 10, 1.
— *Str.* 12, *Z.* 3 der Aſchen *mundartlich und in der älteren Sprache masculinum, Schm.* 1, 122 *f. Ben.* 1, 65. —

Mein Weyb hats wol erfaren,
In jren jungen Jaren.

### 14

Doch reybs nit gar auffs Leben; *Bl. 4 a*
Will fie vmb das nichts geben,
Brauch alle ftuck fein zwire,
Hack jhr ab alle viere,
Vnd laß fie darnach lauffen,
Magft wol die ftůmpff verkauffen.

Fromb Mann, brauch du die ftuck alle gar,
Hilfft der gar keins, red ich nit war.
Probatum eft.

## Getruckt zů Augfpurg
bey Michael Manger.

---

*Str.* 14, *Z.* 3 zwire, *zweimal, zweifach, Schm.* 4, 307 *f.* —

# WÖRTERVERZEICHNIS

Die mit einem Sternchen versehenen Wörter sind in den Anmerkungen erklärt; cursiv gedruckt sind die in dem Liede vorkommenden Wörter.

Abred *f.* 8. 16.
abrichten *v.* 384.
*Achtel *n.* 300.
*Achtring *f.* 122.
Alexander 22. 130.
ankochen *v.* 337.
*anzwiren 6, 1.
Apodeck *f.* 326.
Armbandt *n.* 175.
Armbändel *n.* 320.
*Aschen *m.* 12, 3.
*Auffenthaltung *f.* 87.
Augspurgerisches Spinnrädel 232.

*Baden 189. 197.
*bähen *v.* 54. 103.
*bald 7. 62. 89.—12. 75. 149.
*baß 5. 20.
*Beerwein *m.* 5, 5.
*Bengelsuppen *f.* 4, 2.
*benilgen 122.
Befcheydt *m.* 250.
Böhmisch Gwandt 167.
*Branterwein *m.* 89.
*Breinglöcklin *n.* 274.
*Brell *f.* 109.
*Brügelieren *v.* 11, 5.

Confect *n.* 323.

*Dadern *v.* 2, 4. 10, 4.
*dauß 207.
dichten *v.* 394. — *dichten* 11, 3.
*Dirne *f.* 81. 207. — *Dieren* 11, 6.
Dutzet *n.* 200.

*Ehrlich *adj.* 341.
*Eyfer *m.* 263. 270.
*eyfern *v.* 256.

*Fladerne Bethstadt 293.
*Flecksuppe *f.* 110.
*Fraiß *f.* 280.
*frümen *v.* 288. 318.
Frümal *n.* 118.
Frülstuck *n.* 107. 112.
Frülsuppe *f.* 91.
*Füßmilch *f.* 5, 2.

*Gabelreye *f.* 4, 4.
Garkuch *f.* 108.
*Gätter *n.* 261.
gehn *praep.* 3. 196. gen 275.
*Gespan *m.* 15.
Gewölb *n.* 381.
*Goldwerter Haar 234.
*greinen *v.* 346. greindt 400.
*Grundel *f.* 134.
gulden *adj.* 173. 320. guldin 175.

*Haar *m.* 234.
*Harsen *adj.* 184.
han *v.* 41. 146. 380. hon 373.
Handtierung *f.* 382.
Hechtel *n.* 135. Thona Höchtel 59.
*Hoher Marckt 216.

*Jäncker *m.* 181.
*Jausen *f.* 58. 128. 137.
yetzund 391.
Johannes Colman 210.

*Kandel *n.* 52. Kändel 319.
Karten *f.* 200.
*kemen *v.* 224.
Kindtstauff *f.* 330.
Kirchtag *m.* 192.
*Kirsche *f.* 180.
*Klappersucht *f.* 1, 6. 3, 4. 8, 6.
*klauben *n.* 60.
Koppaun *m.* 299.
*Koppe *f.* 136.

*Ladschafft *f.* 172.
*Lügel *n.* 203.
lausen *v.* 127.
Lobspruch *m.* 403.
*Lot *n.* 9, 4.

*Mädel *n.* 231.
*Madrene Schauben 178.
*Maluasier *m.* 202.
*Mänrsdorff 189.
Marcipan *m.* 325.
*Margreth 17. 69 282. 378.
*maßen *v.* 277.
*Melis *f.* 96.

Mitwoch m. 45
*Morgengab f. 30. 34.
*Mütter f. 76. 336.

Nachtbeltz m. 75.
Nachtmal m. 66. 125. 142.
Niederländisch Gwandt 167.
Nürnbergerisch Gwandt 168.

Pancket n. 193.
Pantoffel m. 77.
Pomrantze f. 204.
*Purgatz f. 8, 4. 11, 4.
purgieren v. 10, 1.

*Rainfal 102. 203.
*Raittung f. 240. 289.
*rauh adj. 181.
Recept n. 2, 2.
Redner m. 130.
Reim m. 394.
reimen v. 391.
*Richt f. 116.
*Richtel n. 64. 134.

*Sägen v. 356.
Saluey küchlin 65.
*Saluey wein 95.
*Sängle m. 131. Sängl 136.
sauber adj. 163. 359.
*Scalpendri m. 96.
Schachtl f. 301.
*schamlotten adj. 184.
*Schaube f. 178.
*Schlafftrunck m. 146.
Schlitten m. 269.
*schnadern v. 2, 3. 10, 3.
Schreiber m. 381.
*Schwaiß m. 6, 5.
Schwaißbad n. 44.
Schwitzbad n. 337.
*Sembel f. 103.

*Siman 16. 23. 27. 42. 67. 149.
174. 206. 220. 241. 255. 283. 308.
351. 361. 379. 385.
*spägen v. 365.
Spannisch Gwandt 168.
Specerey f. 204.
Speißwein m. 119.
*Steige f. 299.
*straffen v. 315.
*Straube f. 59.
*stuppen adj. 92.

Taffeten adj. 184. 295.
than v. 83. 284. thon 302.—265.
311. thůt 53. 194. 207. 221. 329.
thů 298. thet 9.
Thona Höchtel 59.
Treffer m. 4, 6.
*Trigler Bier 52. Trůglerbier 305.
*Triet m. 61. 103.
Truhe f. 166.

Vnderhemmat n. 73.
vngfexiert part. 278.

*Vehne Kirsche 180.
*verfaßet sein v. 327.
verguld part. 319.
verhenckter Wagen 191.
Volbad m. 47.
Wängle m. 132.
Weyber feindt 399.
werden v. 235. weren 209. 243. 401.
praes. conj. werde 254. werd 24.
111. 144. 169. 296. 372. werd 364.
praet. wurd 86. conj. wůr 66.
*Wermůt wein 95.
*Wibacher (Wein) 203.
*widerkeren v. 402.
*Widerleg f. 34.
Wien 3. 10. 373.
Wildprät n. 343.

Zubringen v. 24.
Zuckerhut m. 301.
*zwire 14, 3.